⑱ みんなの 考えを 生かして よりよい クラスに …… 38

⑲ よい こと わるい こと ……………………… 40

⑳ 生きものは 大切 …………………………… 42

㉑ 正直な たいどで …………………………… 44

㉒ ものを 大切に ……………………………… 46

㉓ 思いやりの 心を もって …………………… 48

㉔ きせつと 行じ ……………………………… 50

㉕ くふうして 活どうしよう …………………… 52

◇ パソコンを つかおう ……………………… 54

㉖ すきな ところ なりたい 自分 …………… 56

㉗ わたしたちの 先ぱい ……………………… 58

㉘ みんなの えがおが うれしいね ………… 60

㉙ お金を つかう ときには ………………… 62

㉚ しょう来の 自分を 考えよう …………… 64

1 あいさつで気もちの よい 1日

？ どう して いるかな

- おはよう ございます。
- いただきます。
- ごちそうさま でした。
- さようなら。
- ただいま。
- おやすみ なさい。

！ 大切な こと

朝 おきてから，夜 ねるまでに，いろいろな あいさつが あります。

◆ やって みよう　友だちと れんしゅうを しよう。

✳ やって いこう　どの あいさつが 上手に できたかな。

行って きます。

よろしく おねがい します。

～です。

はい。

しょくいんしつ

しつれいします。

★ まとめよう

毎日 できたかな。

2 大切な 学校の きまり

? どう して いるかな

■ ろう下や かいだんの 歩き方

■ ながしの つかい方

■ トイレの つかい方

❗ 大切な こと

学校の きまりを おぼえて しっかり まもります。

◆ やって みよう

● しせいを 正しく して すわります。

③おなかと せなかに ぐう 一つ

②せなかは ぴん

①足は ぺったん

● 学しゅうの じゅんびを します。

● 正しく えんぴつを もちます。

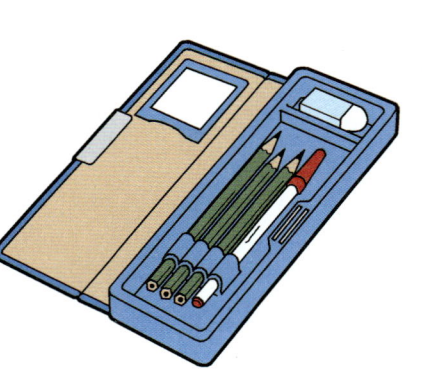

● ふでばこの 中は…

✳ やって いこう

おうちや すまいるスクール, ならいごとの ときなども やって いこう。

⭐ まとめよう

学校の きまりが まもれて いるか ふりかえろう。

3 正しい ことばや たいど

❓ どう して いるかな

「先生、これ。」
「じゃまだよ。」
「だめだろ！走るなよ！」

↓

年上の 人や
大人の 人には
「〜です」「〜ます」
を つかいます。

↓

おねがいしたい ときには
「〜して くれる？」
「〜して ほしいんだけど」
と，ていねいに たのみます。

↓

ちゅういを する ときには
「〜しちゃ だめだよ」
と，やさしく 教えて
あげます。

❗ 大切な こと

正しい ことばや たいどで 話します。

正しい ことば 〜です。〜ます。〜さん。

正しい たいど れいぎ正しく。あい手を 思いやる 気もち。

◆ やって みよう　　どのように 言ったら よいかな。

■ ほけん室で
「ころんじゃった。」

■ 教室で
「先生！トイレ！」

■ 図書室で
「うるさいよ。」

✳ やって いこう

じゅぎょう中に

すまいるスクールで

ならいごとで

おうちの食たくで

★ まとめよう

・正しい ことばや たいどで 話す ことが できたかな。

・正しい ことばや たいどで 話す ことが できて いる 友だちを さがして みよう。

4 つくえの 中は だいじょうぶ

? どう して いるかな

- つくえの 中は 
- ロッカーの 中は 
- くつばこは 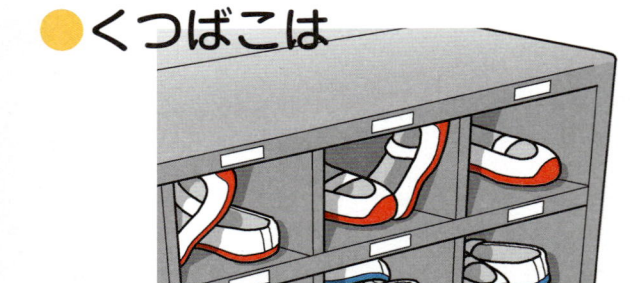
- フックは 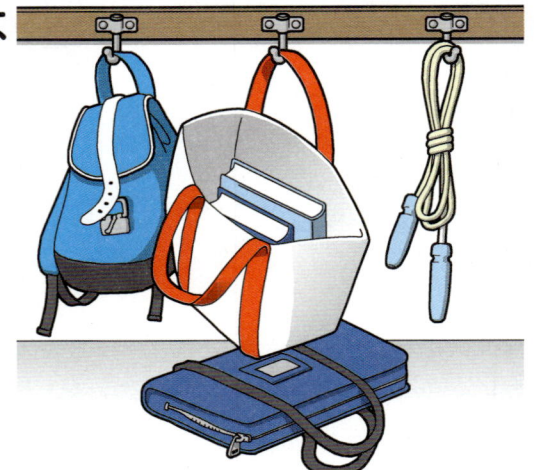
- かさ立ては 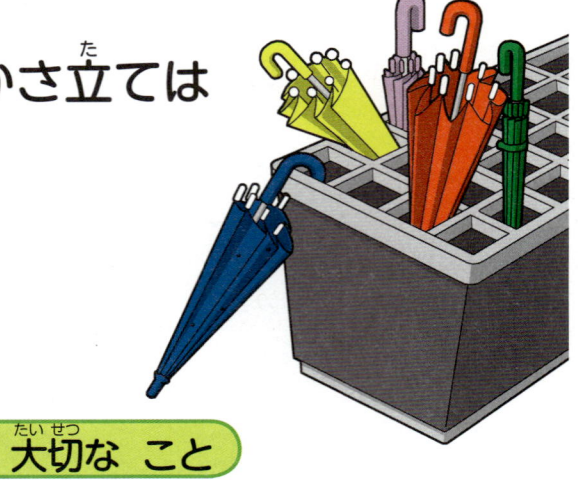
- ランドセルは

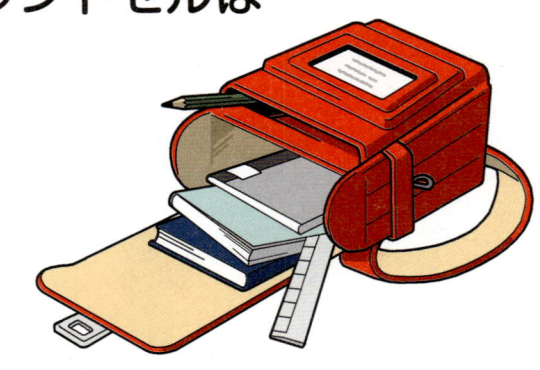

! 大切な こと

自分の ものは 自分で かたづけます。

◆ やって みよう

●これだと とり出し やすいね。

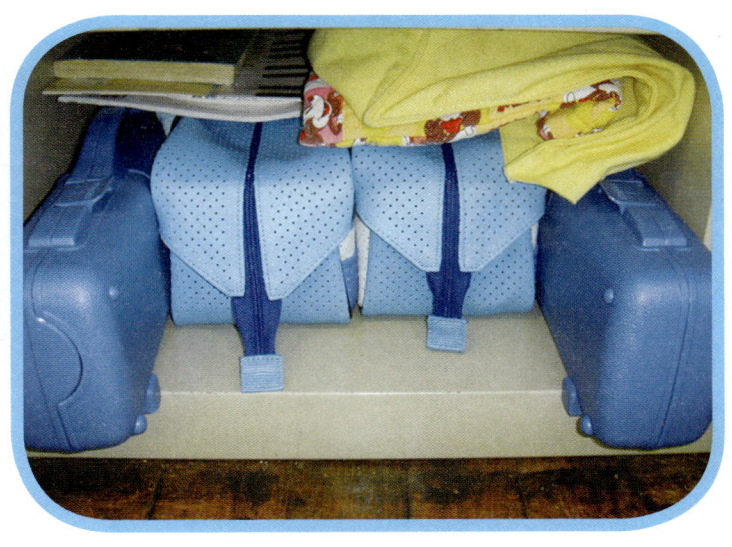

✽ やって いこう

つくえの中はだいじょうぶ？ チェックひょう

😊…○　😣…×　1ねん　くみ　なまえ

つきひ(ようび)						
ひきだし						
ロッカー						
フック(たいいくぎ)						
くつばこ						
かさたて						
おうちのひとのサイン						

ふりかえり

おうちのひとから(おうちで、学校の道具の整理整頓がどうだったか、書いてください。よかった点や、なおしたほうがよい点など)

★ まとめよう　せい理せいとんが できたかな。

5 いろいろ食べてけんこうな体

? どうしているかな

! 大切なこと

食べものには 3つの えいようの グループが あります。

黄 体を うごかす エネルギーに なる

- コーンフレーク
- ごはん
- パン
- じゃがいも
- めん
- あぶら
- さとう
- さつまいも
- バター

赤 体を つくる

- 魚
- 肉
- ハム
- とうふ
- 小魚
- 牛にゅう
- みそ

◆ やって みよう

いろいろな 食べものを のこさず，よく かんで 食べて けんこうな 体に なろう。

✿ やって いこう

きゅう食では，3つの グループの 食べものが バランスよく 作られて いる。毎日 のこさず 食べよう。

★ まとめよう

3つの グループの 食べものを のこさず 食べられたかな。

| みどり | 体の ちょうしを ととのえる |

たまご
チーズ
ヨーグルト
なっとう
ひじき
大豆

キャベツ
いちご
にら
ブロッコリー
ほうれんそう
白さい
ピーマン
ミニトマト
かぼちゃ
玉ねぎ
にんじん

6 学校へ 通う 道

? どう して いるかな

あんぜんに 気を つけて 歩いて いるかな。

雨の 日に 気を つける ことは？

! 大切な こと

あんぜんに 気を つけて 歩きます。

🔶 やって みよう　学校の まわりを 歩いて みよう。

■ 道ろの わたり方
① 右 よし
② 左 よし
③ もう 一ど 右 よし
④ 手を 上げて わたろう

センターラインに 来たら，もう 一ど 左を 見る。

✳️ やって いこう

友だちの 家へ 行く ときや ならいごとに 行く ときも やって みよう。

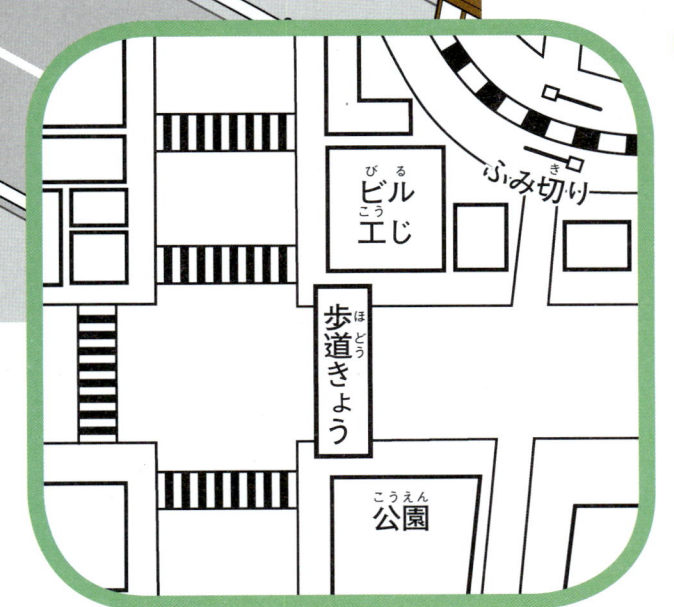

⭐ まとめよう

・学校の まわりで，あぶない 場しょに しるしを つけよう。
・あんぜんに 気を つけて 歩けたかな。

7 一人に なると あぶないよ

? どう して いるかな

■ 帰り道

■ 公園

! 大切な こと

一人では 外で あそびません。
くらく なる 前に 家に 帰ります。

◆ やって みよう

- だれと
- どこへ
- 何を しに
- いつまでに 帰る

✻ やって いこう

おうちの やくそくを きめて みよう。

おうちの やくそく
★ くらく なる 前に 帰ろう。
★ だれと どこへ 何を しに いつまでに 帰るかを 言おう。
★ 一人で あそばない。

もし, こわい 人に 出会ったら。

「いかのおすし」

| ついて「いか」ない | 「の」らない | 「お」お声を 出す | 「す」ぐ にげる | 「し」らせる |

● まもるっちを つかおう。

● 毎日, 家に 帰ったら じゅう電して おこう。

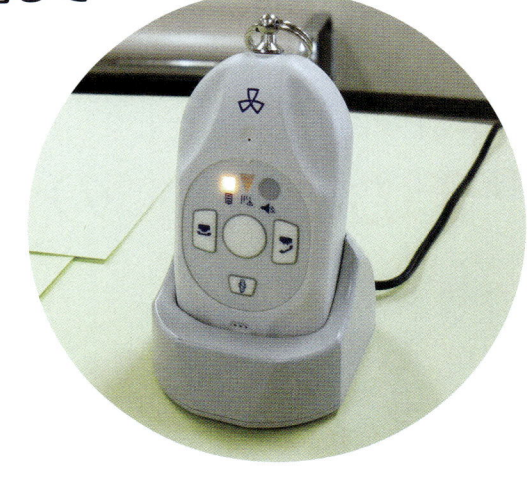

★ まとめよう

おうちの やくそくが まもれたかな。

8 火じや 地しんが おきた とき

? どう して いるかな

どのように したら よいかな。

火じだー。

! 大切な こと

「おかしも」の やくそくを まもります。

「お」さない 「か」けない 「し」ゃべらない 「も」どらない

🔶 やって みよう

ぼうさい頭きんを かぶる。

つくえに もぐる。

ハンカチを 口に 当てる。

あんぜんな 場しょに ひなんする。

けむりを すわないように しせいを ひくく して 歩く。

✳️ やって いこう

おうちの 人と, 火じ, 地しん, 台風などの ときの 行どうの し方を 話し合おう。

⭐ まとめよう

火じや 地しんが おきた ときは, おちついて 行どうしよう。

9 きちんと さい後まで やりぬくって

? どう して いるかな

■ そうじ当番

■ きゅう食当番

■ かかり活どう

! 大切な こと

自分の 当番や かかりを さい後まで やりぬく ことは 大切です。

◆ やって みよう

■ そうじ当番(とうばん)

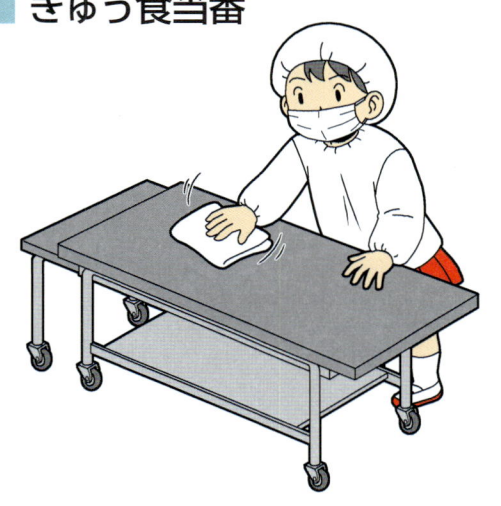

同じ 方(ほう)こうに うごかす。

■ きゅう食当番(しょくとうばん)　　■ かかり活(かつ)どう

✱ やって いこう

おうちでも やって いこう
- ★ ごみすて
- ★ せんたくものを たたむ
- ★ 食(しょく)じの したく，あとかたづけ
- ★ ふろそうじ

★ まとめよう

さい後(ご)まで やりぬいた ことを ふりかえろう。

10 毎日を 気もちよく すごす ために

? どう して いるかな

絵を 見て どう 思うかな。

! 大切な こと

毎日を 気もちよく すごす ために、きまりや マナーを まもって 生活します。

◆ やって みよう　どんな きまりが あるかな。

- つかった ものは、もとに もどします。  
- トイレットペーパーは きれいに つかいます。
- 雨の 日は、教室で しずかに すごします。  
- チャイムで せきに つきます。

✻ やって いこう

チェックカードを つけて みよう。

◎とても よい　〇よい　△もう少し

	月	火	水	木	金
チャイム ちゃくせき					
学しゅうの じゅんび					
きゅう食の じゅんび					
ろう下の 歩き方					
休み時間の すごし方					
そうじ当番					

★ まとめよう

1週間を ふりかえって みよう。
きまりを まもる ために、どんな ことを したら よいかを 考えよう。

11 みんな なかよく

? どう して いるかな

! 大切な こと

「ありがとう」
「ごめんね」で
なかよく なれます。

なんて 言えば いいかな。

◆ **やって みよう**

目を 見て, えがおで, 大きな 声で 話す れんしゅうを して みよう。

● おじぎしながら 「ありがとう」「ごめんね」を 言って みよう。

✽ **やって いこう**

「ありがとう」が 言えた 数だけ, 花びらに 色を ぬって いこう。

ありがとう 花びら カード

★ **まとめよう** 花びらの 色が どれくらい ぬれたか たしかめよう。

12 よさを 見つけよう

？ どう して いるかな

何を して いるのかな。
よい ところは 何かな。

❗ 大切な こと

あなたの よい ところは、だれかが 見て くれて います。

◆ やって みよう

友だちの よい ところを 見つけて みよう。

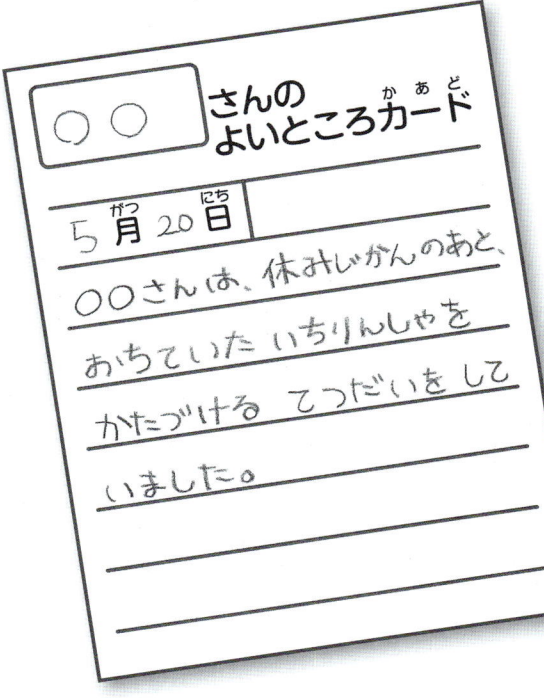

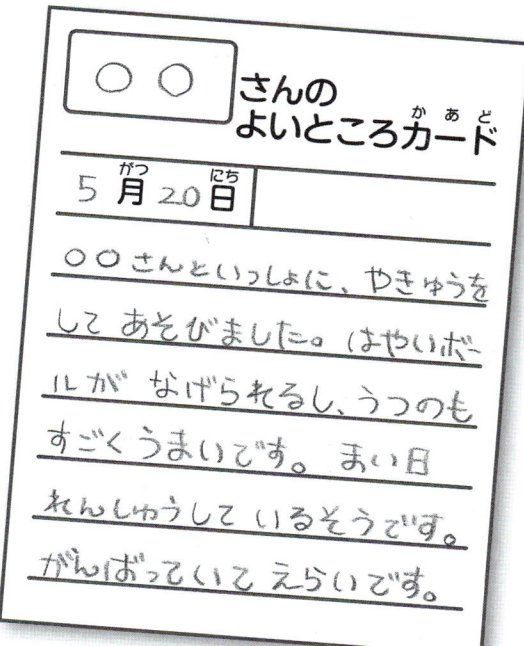

○○さんの よいところカード
5月20日
○○さんといっしょに、やきゅうを して あそびました。はやいボールが なげられるし、うつのも すごくうまいです。まい日 れんしゅうして いるそうです。がんばっていて えらいです。

○○さんの よいところカード
5月20日
○○さんは、休みじかんのあと、おちていた いちりんしゃを かたづける てつだいを して いました。

✳ やって いこう

みんなにも 教えて あげたいね。

家の 人にも 知らせたいね。

★ まとめよう

自分や 友だちの よさを たくさん 見つけたかな。

13 思いやりを もって 人と かかわろう

？ どう して いるかな

> ⚠️ **大切な こと**

　自分が うれしい ことを して あげると,あい手も うれしく なります。

> ◆ **やって みよう**

　いっしょに したい ことを 話し合って みよう。

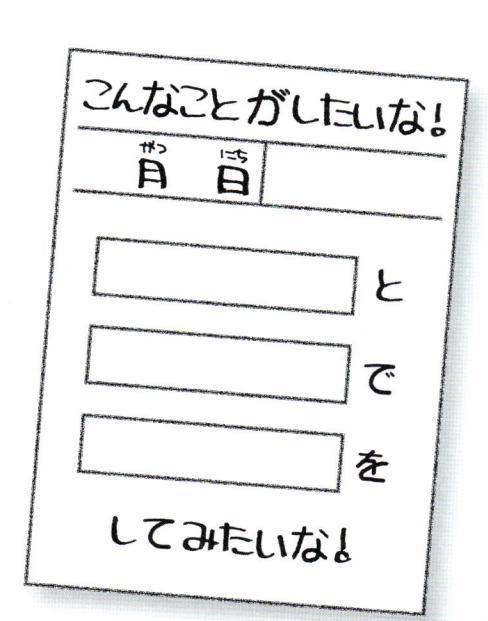

あい手が、よろこんで くれる ことは なんだろう。

> ✱ **やって いこう**

　みの まわりの いろいろな 人と 思いやりを もって かかわろう。

> ★ **まとめよう**

　あい手が よろこんで くれる ことが できたかな。

14 あたたかい 気もち 「ありがとう」

? どう して いるかな

こんな こと なかったかな。

! 大切な こと

「ありがとう」の 気もちを 大切に します。

どんな気もちかな。

◆ やって みよう

心を こめて 書いて みよう。

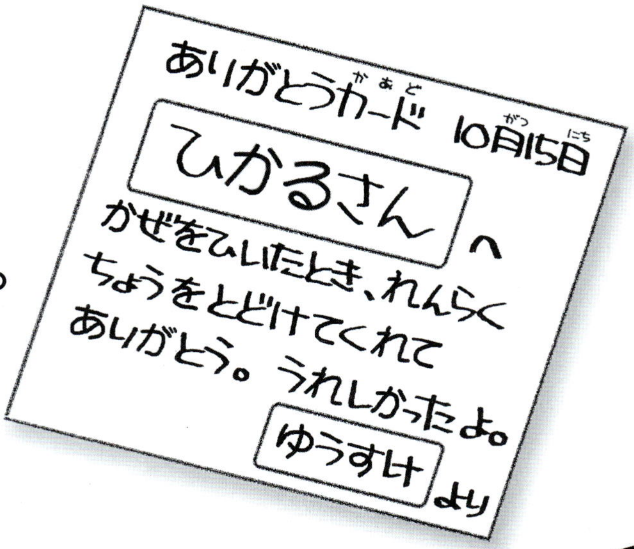

あいがとうカード 10月15日
ひかるさん へ
かぜをひいたとき、れんらくちょうをとどけてくれてありがとう。うれしかったよ。
ゆうすけ より

✳ やって いこう

いろいろな 人に 「ありがとう」を つたえよう。

⭐ まとめよう

「ありがとう」の 気もちを つたえられたかな。

★ セカンドステップ

(1) わかり合う（1年生）

● あい手の 気もちを かんじよう。
● あい手の ことや 考え方を わかろう。
● 思いやる 気もちを つたえよう。

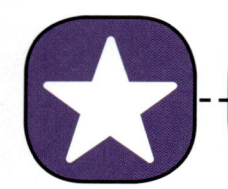

ロールプレイ

● その 人に なった つもりで えんぎを して みよう。
◆ 先生の 手本を まねして みよう。

「セカンドステップ」著作権
NPO法人 日本子どものための委員会

(2) もんだいの かいけつ（2年生）

- こまった ことが おこったら まず おちつこう！
- かいけつの し方を 学ぼう。

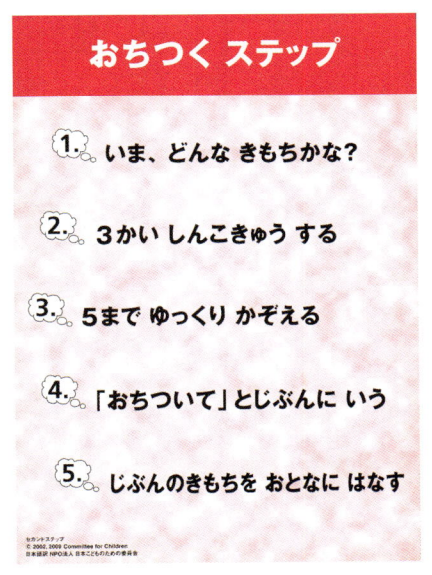

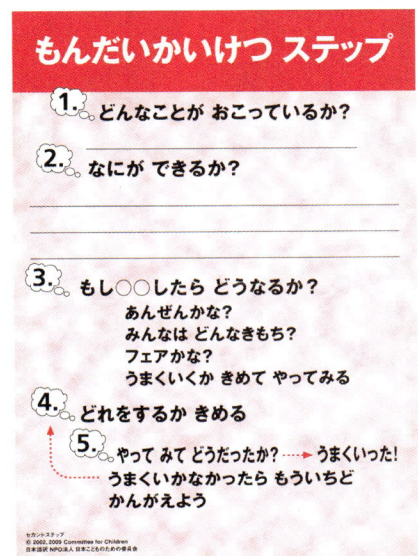

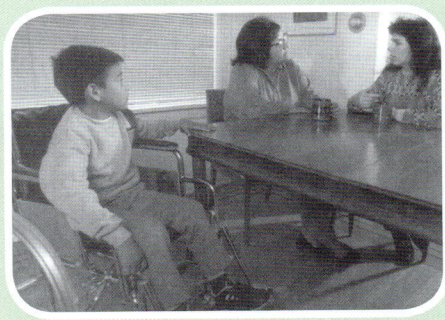

おちつく ステップ
1. いま、どんな きもちかな？
2. 3かい しんこきゅう する
3. 5まで ゆっくり かぞえる
4. 「おちついて」と じぶんに いう
5. じぶんの きもちを おとなに はなす

もんだいかいけつ ステップ
1. どんなことが おこっているか？
2. なにが できるか？
3. もし○○したら どうなるか？
   - あんぜんかな？
   - みんなは どんなきもち？
   - フェアかな？
   - うまくいくか きめて やってみる
4. どれをするか きめる
5. やって みて どうだったか？ → うまくいった！
   うまくいかなかったら もういちど かんがえよう

(3) いかりの あつかい（2年生）

- 自分の 気もちに 気が つこう。
- もんだいかいけつの ステップを つかおう。

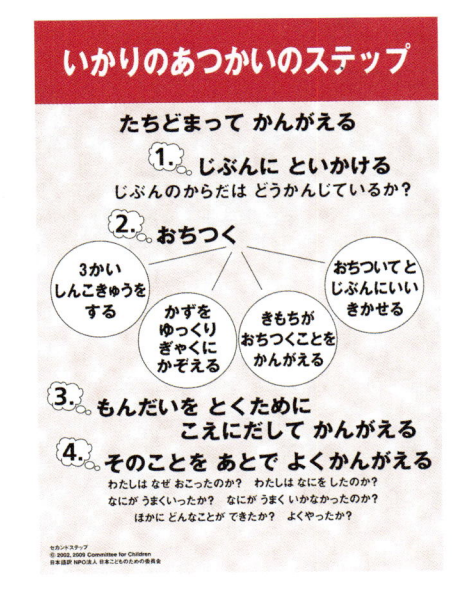

いかりのあつかいのステップ
たちどまって かんがえる
1. じぶんに といかける
   じぶんの からだは どうかんじているか？
2. おちつく
   - 3かい しんこきゅうを する
   - かずを ゆっくり ぎゃくに かぞえる
   - きもちが おちつくことを かんがえる
   - おちついてと じぶんに いい きかせる
3. もんだいを とくために こえにだして かんがえる
4. そのことを あとで よくかんがえる
   わたしは なぜ おこったのか？ わたしは なにを したのか？
   なにが うまくいったか？ なにが うまく いかなかったのか？
   ほかに どんなことが できたか？ よくやったか？

15 明るく あいさつ 元気に へんじ

? どう して いるかな

! 大切な こと

あいさつは 人と 人とを つなぐ 大切な ことばです。

◆ やって みよう

✳ やって いこう

- みんなに 「おはよう」を 言おう。
- 「おはよう」と 言われたら 「おはよう」を かえそう。
- おじぎも つけて やって みよう。

⭐ まとめよう

あいさつを し合う ことが できたかな。

16 話し方, 聞き方を みに つけよう〈1〉

? どう して いるかな

こんな 話し方で いいかな。

⚠ 大切な こと

話し方 上手 1, 2, 3を 大切に します。

> 1 あい手の 目を 見る
> 2 はっきりと
> 3 ていねいな ことば

◆ やって みよう

自分の すきな ことを 話して みよう。

■ 一人の 人に 話す とき。

■ たくさんの 人に 話す とき。

声の 大きさは かえた ほうが いいのかな。

❋ やって いこう

朝の会や 帰りの会で 話を して みよう。

★ まとめよう

あい手の 方を 見て はっきり 話せたかな。

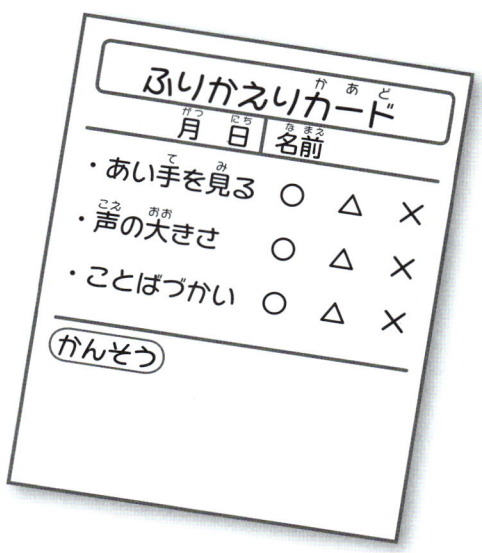

ふりかえりカード
月 日 名前
・あい手を 見る ○ △ ×
・声の大きさ ○ △ ×
・ことばづかい ○ △ ×
かんそう

17 話し方, 聞き方を みに つけよう〈2〉

？ どう して いるかな

❗ 大切な こと

聞き方 上手 1, 2, 3を 大切に します。

| 1 あい手の 目を 見る | 2 うなずく | 3 しつもんする |

◆ やって みよう

聞く れんしゅうを して みよう。

✳ やって いこう

いろいろな 人の お話を 聞こう。

⭐ まとめよう

聞き方 上手 1, 2, 3を 大切に して 話を 聞く ことが できたかな。

18 みんなの 考えを 生かして よりよい クラスに

? どう して いるかな

みんなで 話し合う とき どう して いるかな。

! 大切な こと

自分の い見を しっかり 言います。
友だちの い見も しっかりと 聞きます。

みんなで 話し合うと よりよい 考えに なるよ。

ちゃんと まもる ことが できるかな。

い見の 言い方
- ■「わたしは、〜だと 思います。」
- ■「わけは、〜だからです。」
- ■「わたしは、〜さんと 同じ（ちがう）考えで 〜です。」

自分の考えカード

ぎだい

考え

わけ

きまったこと

◆ やって みよう

「自分の考えカード」を 書いて 話合いを 体けんして みよう。

✽ やって いこう

いろいろな ことを 話し合おう。

● クラスの 目ひょう
● 雨の 日の 休み時間の すごし方
● みんなで あそぶ 日の あそび

きまったこと

★ まとめよう

「ふりかえりカード」を 書こう。

● 話合いが おわって 思った ことなど。

19 よい こと わるい こと

? どう して いるかな

● 公園(こうえん)で あそんで いる とき、
　ルールを まもって いるかな。

! 大切な こと

みんなが 気もちよく，なかよく すごす ために ルールが あります。

◆ やって みよう

公園や 図書かんでは どんな ルールが あるか 考えて みよう。

✽ やって いこう

じどうセンターなど，たくさんの 人が つかう 場しょでも ルールを まもろう。

家でも やくそくや ルールを まもろう。

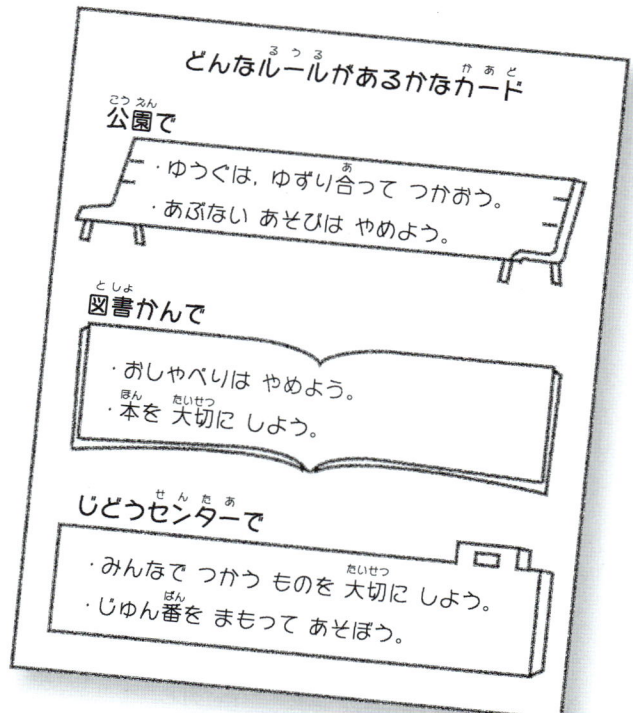

どんなルールがあるかなカード

公園で
- ゆうぐは，ゆずり合って つかおう。
- あぶない あそびは やめよう。

図書かんで
- おしゃべりは やめよう。
- 本を 大切に しよう。

じどうセンターで
- みんなで つかう ものを 大切に しよう。
- じゅん番を まもって あそぼう。

★ まとめよう

ルールを まもる ことが できて いるかな。

みんなで はっぴょう しよう。

20 生きものは 大切

? どう して いるかな

みんなの まわりには たくさんの 生きものが いるね。

! 大切な こと

どんな いのちも 大切に します。

◆ **やって みよう** 生きものを そだてて みよう。

どんな じゅんびが ひつようかな。

カブト虫をかう
①虫かご（すみか）
②えさ・水
③かい方の本
④せわ当番

● **生きものの 気もちを そうぞうして みよう。**

今日は 元気かな。

ハムすけ

生活科で たねを まいたよ。

✱ **やって いこう**

つづけて せ話を して いこう。

大きく そだってね。

★ **まとめよう**

生きものを 大切に して いるか ふりかえろう。

21 正直な たいどで

? どう して いるかな

こんな ことは ないかな。

5時に 帰ります。

! 大切な こと

しっぱいして しまったら，ゆう気を 出して，正直に 話します。

◆ **やって みよう**

こんな とき どう すれば いいかな。

しっぱいした ときに 正直(しょうじき)に 話(はな)す れんしゅうを しよう。

✳ **やって いこう**

す直(なお)な たいどで 生活(せいかつ)しよう。

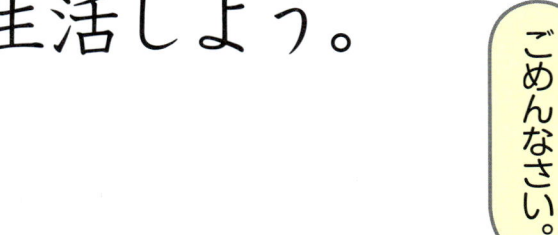

ごめんなさい。

ごめんなさい。

★ **まとめよう**

しっぱいして しまった ときに、正直(しょうじき)に 話(はなし)が できたか ふりかえろう。

22 ものを 大切に

? どう して いるかな

ものを 大切に して いるかな。

! 大切な こと

自分の ものも みんなの ものも 大切に つかいます。

◆ やって みよう

つかい おわったら，きちんと もとに もどそう。

✳ やって いこう

図書かんや すまいる スクールでも，みんなが つかう ものは 大切に。

これは だれの ハンカチですか。

★ まとめよう

ものを 大切に つかえたか ふりかえろう。

23 思いやりの 心を もって

？ どう して いるかな

みんなの ことを 考えて いるかな。

！ 大切な こと

思いやりとは、みんなの ことを 考えて 行どうする ことです。

家や 学校では 何が できるかな。

＊ やって いこう

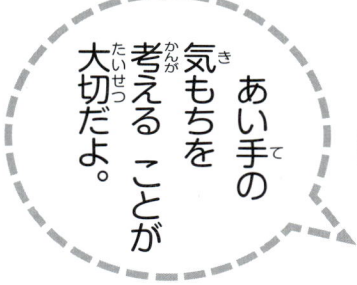

あい手の気もちを考えることが大切だよ。

◆ **やって みよう**

電車や バスでの
すごし方を 話し合おう。

★ **まとめよう**

みんなの ために
した ことを しょうかい
し合おう。

24 ぎせつと 行じ

? どう して いるかな

1年間に いろいろな 行じが あるね。

! 大切な こと

むかしから つたわる 行じには, みんなの 気もちが こめられて います。

> だれに 聞こうかな。

◆ やって みよう

自分が すんで いる まちや, 学校や 家には, どんな 行じが あるかな。

やって いこう

計画を 立てて、行じに すすんで さんかして いこう。

> みんなで やると 楽しいね。

> まちに 知り合いが ふえて うれしいな。

まとめよう

1年間の カレンダーを 作って みよう。

● どんな 行じが あるか 書きこもう。

25 くふうして 活どうしよう

? どうして いるかな

みんなで きめる ときの すすめ方は どうかな。

> 学しゅうはっぴょう会の せんでんの し方を 話し合って みよう。

! 大切な こと

みんなで 考えを 出し合い, どのように やるか, はっきりさせながら すすめる ことが 大切です。

◆ やって みよう　●みんなで きょう力する ために

- わからない ことは そのままに しないで 声を かけよう。
- 自分の 考えを すすんで つたえよう。
- 計画を 立てて すすめよう。
- 一人だけで すすめずに そうだん しよう。

● せいこうさせる ために

- くふうしよう。
- やくわりを きめて れんしゅう しよう。

✳ やって いこう

いろいろな 行じで つかえるよ。

- うんどう会で　どんな おうえんに しようか。
- 子どもまつりで　どんな お店に するか みんなで 話し合って きめよう。
- 学きゅうで　お楽しみ会、おわかれ会、しんきゅうしきを やろう。
- 学年で　スポーツ大会、学しゅう はっぴょう会を せいこうさせよう。

★ まとめよう

みんなで きょう力して できた ところを はっぴょうしよう。

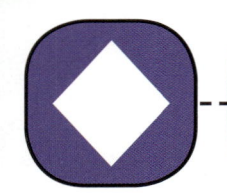

◆ パソコンを つかおう

? どう して いるかな

パソコンを つかうと どんな ことが できるかな。

パソコンの つかい方に なれよう。

! 大切な こと

パソコンを つかうと いろいろな ものを かんたんに 作る ことが できます。

◆ やって みよう

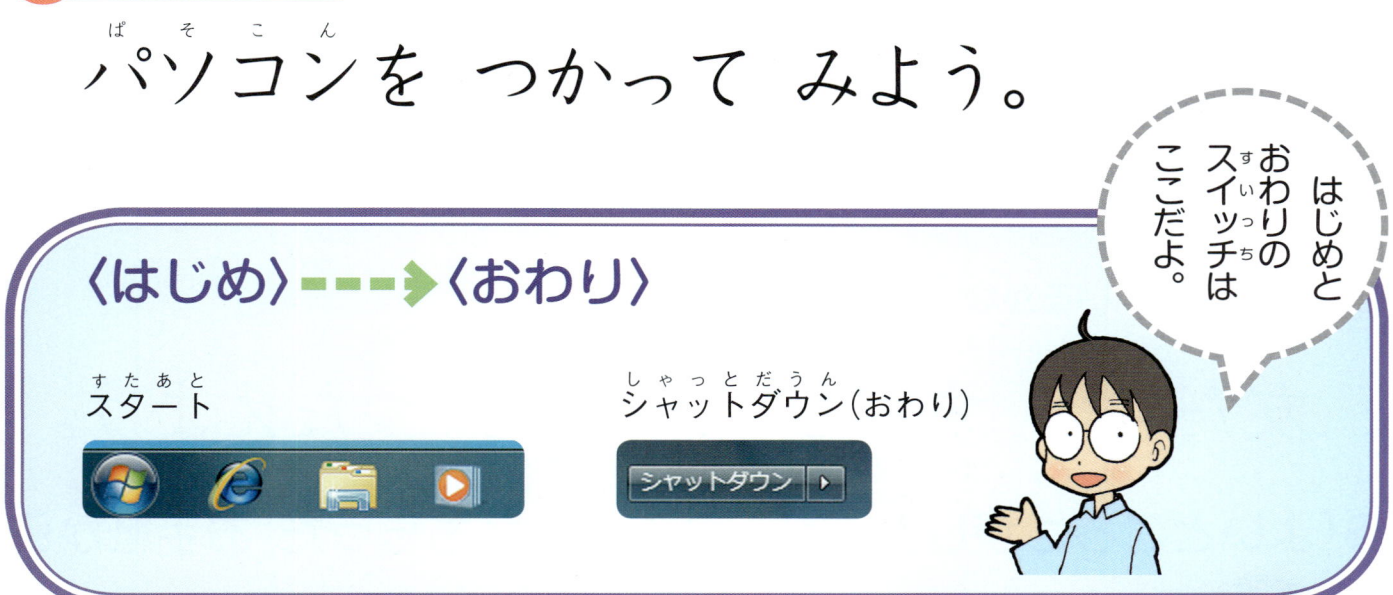

パソンを つかって みよう。

〈はじめ〉 ---▶ 〈おわり〉

スタート　　　　シャットダウン(おわり)

> はじめと おわりの スイッチは ここだよ。

✱ やって いこう

いろいろな ものを 作ろう。

がくしゅう はっぴょうかい
10がつ 18にち
9じから
たいいくかん
きてください

★ まとめよう

パソコンで 作った ものを
はっぴょうしよう。

26 すきな ところ なりたい 自分

❓ どう して いるかな

友だちの すきな ところを つたえよう。

● 「よいところさがしカード」から

わたしは ○○さんの やさしい ところが すてきだと 思います。なぜなら…

● もらった お手紙から

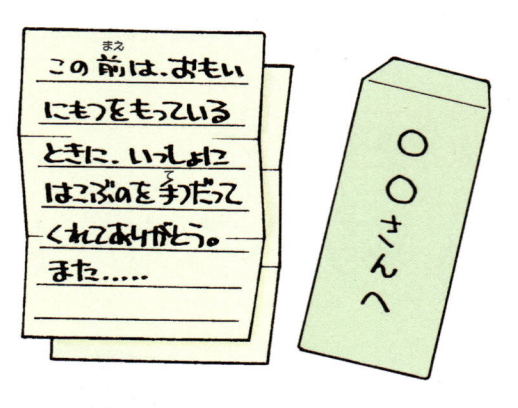

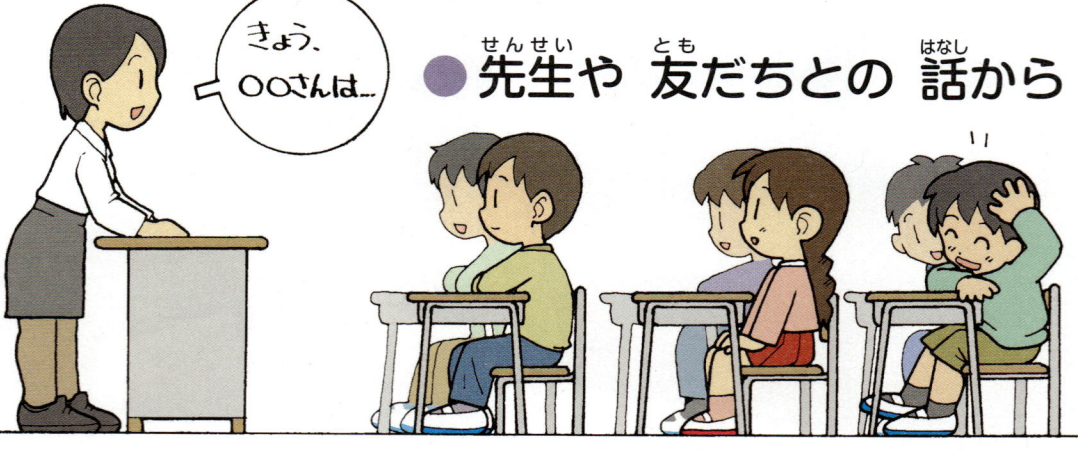

この前は、おもい にもつをもっている ときに、いっしょに はこぶのを手だって くれてありがとう。 また……

○○さんへ

きょう、○○さんは…

● 先生や 友だちとの 話から

❗ 大切な こと

だれにでも よい ところが あります。
自分の よい ところに 気づいて
のばして いく ことが 大切です。

◆ **やって みよう**

自分の よい ところを まとめよう。
どんな 人に なりたいか, その ために どう して いくか 考えて みよう。

✱ **やって いこう**

自分の よい ところを のばして いこう。

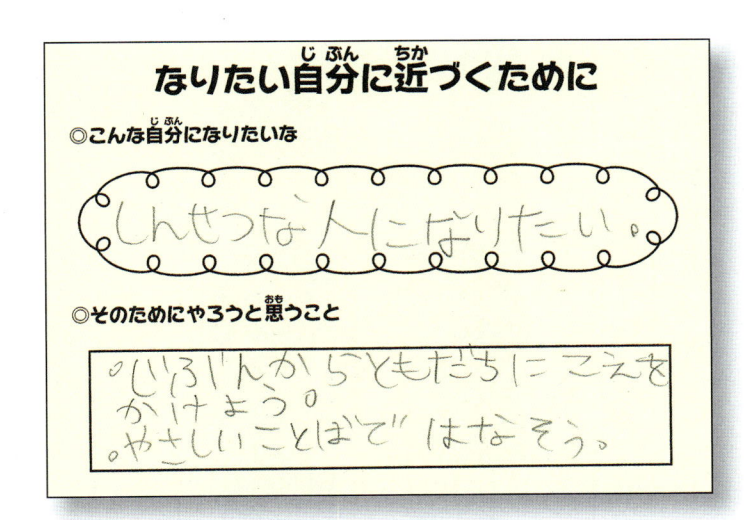

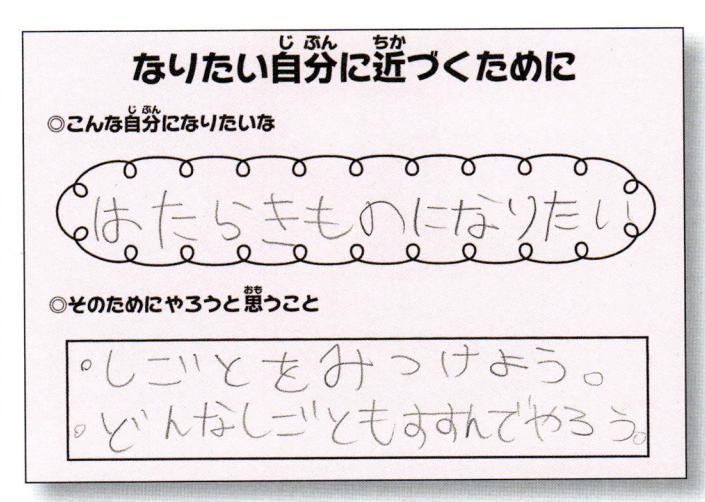

★ **まとめよう**

これからも 自分の よい ところを のばして いこう。

27 わたしたちの 先ぱい

? どう して いるかな

どんな 先ぱいが いるかな。

! 大切な こと

先ぱいは, わたしたちの 知らない ことや できない ことを 教えて くれる 大切な 人たちです。

◆ **やって みよう** 先ぱいの 話を 聞いて みよう。

わかったところカード
○先ぱいに 教えて いただいて わかった ことを かきましょう。

きくづくりは、水のやりかた
などに気をつけて、まい日わす
れずにせわをすることが大じだ
そうです。わたしもみならいたいな。

✽ **やって いこう**

先ぱいに 聞いた ことを
生かして
がんばろう。

たかはしさんの
ように 毎日
わすれずに
せ話を しよう。

★ **まとめよう**

先ぱいから 教えて もらって がんばった
ことを 作文に 書いて みよう。

28 みんなの えがおが うれしいね

? どうして いるかな

家の しごとには どんな ことが あるかな。

! 大切な こと

みんなが えがおに なる ために、自分の やくわりには せきにんを もって とり組みます。

◆ やって みよう

みんなにも できる
ことは ないかな。

✳ やって いこう

自分の やくわりを
わすれずに
とり組んで
いこう。

★ まとめよう

「おしごとカード」を
もとに ふりかえって みよう。

29 お金を つかう ときには

? どう して いるかな

どのように お金を つかって いるかな。

「これを ください。」

! 大切な こと

お金は 正しく つかいます。

◆ やって みよう　ほしい ものと ひつような ものを まとめて みよう。

それは 本当に ほしい ものかな。

●じゅん番を つけて みよう。
●買う ときに ちゅういする ことを 話し合って みよう。

✻ やって いこう

「お買いものカード」を 書いて いこう。
●日づけ・買ったもの・ねだん
●ひつような ものか

カードに まとめると よく わかるね。

★ まとめよう

家の 人に 「お買いものカード」を 見て もらおう。

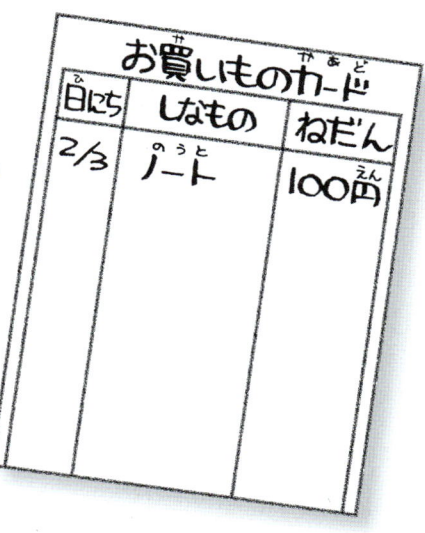

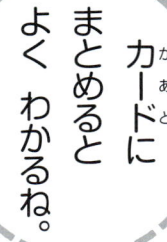

30 しょう来の 自分を 考えよう

「大人に なった 自分新聞」を 作って みよう。

すきな マークを かこう！

○○しんぶん
○年 ○月 ○日

マーク

たん生日
3月12日

わたしは こんな大人に なりたい！

しょう来の しごと

み来の わたしへ

おうちの人から

新聞を 読んだ かんそうを 書いて もらおう。